纳人乡韵

金沙江流域
纳西族摩梭人影像志

宋一青 孙庆忠 庄淯棻 等 著

中信出版集团 | 北京

图书在版编目（CIP）数据

纳人乡韵/宋一青，孙庆忠，庄浒棻等著 . -- 北京：
中信出版社，2024.7
ISBN 978-7-5217-6617-2

Ⅰ . ①纳… Ⅱ . ①宋… ②孙… ③庄… Ⅲ . ①纳西族
－民族文化－西南地区 Ⅳ . ① K285.7

中国国家版本馆 CIP 数据核字（2024）第 102321 号

纳人乡韵

著者： 　宋一青　孙庆忠　庄浒棻　等
出版发行：中信出版集团股份有限公司
　　　　　（北京市朝阳区东三环北路 27 号嘉铭中心　邮编　100020）
承印者： 　北京盛通印刷股份有限公司

开本：787mm×1092mm　1/16　　　　印张：23.25　　　字数：105 千字
版次：2024 年 7 月第 1 版　　　　　　印次：2024 年 7 月第 1 次印刷
书号：ISBN 978-7-5217-6617-2
定价：158.00 元

共同创作者

作者

李管奇 孙庆忠 宋一青 田秘林 张艳艳 赵天宇 庄淯棻

摄影

丁振东 秋笔 王彤 于江 左凌仁

（按姓氏音序排列）

目　录

旅人丈量过的云南丽江，步履大多止于玉龙雪山。若再往西北前行，可见浩浩荡荡的江水铸就了大自然"三江并流"的巨作，怒江和澜沧江一路往南，蜿蜒曲折的金沙江则拐向东方。此处正是我国滇西北山区的核心，位于青藏高原与云贵高原之间，是全球生态系统和物种最为丰富的地区之一。沧海桑田，曾经的石鼓古湖演变成今天的干热河谷，两岸大山间零星分布着古老的纳西族和摩梭人聚落，谱成了长江上游金沙江流域奇谲瑰丽的山水人文篇章。

纳西族和摩梭人[1]，是我们这本书的主角，千载以来，这个古老的民族在此披星戴月地劳作，生息繁衍，过着丰富多彩的生活，锤炼出与天地自然和谐共生的纳西和摩梭文化，如同波涛壮阔的江水源远流长。今天，俄国作家顾彼得（Peter Goullart）笔下这个"被遗忘的王国"已成为当代都市人的"诗和远方"。

在社会与环境急遽变动的今日，山地社区的重要性更为突显，山地系统为世界一半的人口提供水源，是众多族群文化的发源地和聚集地，维持着丰富的生物和文化多样性。纳西和摩梭山民守护着金沙江流域的生态文化系统，在满足自身需要的同时也延续着人类文明的火种。如今，数座梯级大坝屹立于金沙江中游，过去奔腾咆哮的江水声已悄然逝去，随着公路的连通，世居于此的族群正面临走出大山、重塑自身文化的抉择。

这本影像志中所用的照片拍摄于2018—2020年，共收录300余幅，以五个篇章呈现隐藏在大山里的纳西和摩梭人族群文化的多元面貌。我们的镜头沿金沙江逆流而

---

1 在我国的民族识别中，摩梭人被认为是纳西族的一个分支，但在摩梭人内部，族群认同存在差别，本书中依具体情况，在尊重各族群认同的前提下进行讲述。

上，依循地貌屏障，先走过吾木村、石头城村、拉伯村，探索大山中的农耕文化——城门内斑驳的老屋，传递农耕智慧的老种子，江边诵经的达巴……而后深入无量河畔的油米村，一个与神山圣水为伴，有着独特方位观、时间观、自然观，一年要举行数百场东巴仪式的神秘村庄。

拍摄期持续了将近三年时间，不过我们从 2013 年起就与这些村子陆续结缘。首先邂逅的是石头城村，我们被勤劳睿智的纳西族人深深吸引，与之共同探索传统生态文化的复育，并在石头城村书记木文川的倡议下，又认识了金江沙流域的吾木村、拉伯村和油米村，我们有一个共同的目标，就是通过联合的力量"活化"这片家园。我们早已数不清到访这些村子的次数，与每个村民的交集和情谊刻在了所有人的心头。书中的每一张面孔，每一场仪式，生活的每一个瞬间都是无比真实的。从晨起烧香、上山打猪草的日常，到孩儿的成丁礼，再到送别老人的超度仪式，这些大山里的人们对待生活的态度渗透着无与伦比的真诚，可以说通过观察和记录他们的日常生活、文化礼俗，也影响着我们对自己生活的认知。这些珍贵的影像拍摄于多次的入村探访期间，主要的摄影师秋笔是长期关注公共议题的人文摄影师，常年穿梭山海之间拍摄人与土地、人生百态，她多次来到这四个村庄，与村民一同躺在草堆中拍星空、话家常。另一位摄影师丁振东不仅是走过全球多地的资深旅人和摄影师，更是四村村民信任的老朋友。

老实说，从丽江坝子出发到油米村，一点儿也不容易，得先坐上几个小时的汽车穿越玉龙雪山，若遇到修路，那路程耗时就无从预测。到三江口，可换上渡船，或可选择继续沿公路前行，在走过一连串蜿蜒的山路后，热情的油米人早已骑着摩托车在进村路上迎接。这样的旅途或足以被旅人视作一次壮举，却是油米人离乡归家的日常。早些年，人背马驮、翻山越岭去寻找经书、淘金打工、求学求医，如此颠沛的路途是大部分油米人都经历过的。

奔腾的金沙江在不断变化，江畔的村庄由外而内也在改变，面对经济形态和时代的转变更迭，小小的村庄亦无法置身事外。但在这里，我们依然能看见变化中的坚守，数代人传承着一场场仪式，东巴文化在一代又一代族人的山村生活、血脉基因里绵延永续。

与油米人相处的日子，也使我们发生变化。从不谙山性到爬上山头感受无量河的谷风；从对不同文化宗教感到陌生与震撼，到理解和感悟东巴仪式带来的心灵抚慰。我们走进大山，体会人待自然犹如兄弟的敬意，体味人与人之间的坦诚。

第一次见到油米人，是 2017 年在大理马坪关的一场社区互访交流中。他们有着深邃的轮廓和小麦色的皮肤，腼腆却热情。其中一位穿着民族服饰的长者，脚踩仿佛电影中才会出现的红白相间的精致皮靴，手上提着一小瓶酒，肩上背着一根木笛，眉目清朗、自在豁达。后来我们知道他就是油米村的侠武[2]石农布。还有两位分别是村里的东巴和副村长。初次见面，我们就被油米人的真挚打动，从衣着到谈吐，他们让我们这些从城里来的人感到了一股"酷"劲儿，不禁让我们想知道，究竟是何方水土哺育出了这样一群既随性自然又充满魅力的人？

很快，我们终于有机会深入探访油米村。刚进村时，一切都令人不可思议，这里似乎离现代社会很远——毕竟都快进入 2020 年了，丰富多彩的传统礼俗却仍然充满着

---

2 油米村的摩梭人信仰东巴教，在东巴教中，东巴是祭司，负责主持宗教仪式，传承东巴文化；侠武则是东巴的助手，辅助仪式的进行。

村庄的肌理,着实让远道而来的我们应接不暇。我们刚到就旁观了一场东巴超度仪式,过程中需宰杀牲口献祭,当下的感受真可以用魔幻来形容,毕竟在城市生活的我们似乎离这种场景很遥远,甚至许多人会对此感到惧怕,这样的细节已被隐匿在现代化的流水线下。但在油米的东巴仪式中,献祭是尊重生命的礼仪,以此告诫人们从自然环境汲取资源要懂得感恩、敬畏和善用,这也是对逝去的人的祝福。在油米的每个夜里,我们坐在火塘边上,一边安静地喝杯热茶,或偶尔来碗苏里玛助兴,一边聆听油米人讲述他们的生活记忆,油米人的智慧促使我们对生命和生活进行反思,重新思考我们每个人与家人、社会、自然环境间千丝万缕的关联。

五度到访油米村,我们从陌生的访客变成油米人的朋友,甚至全村谁娶谁、谁嫁谁都了如指掌。我们与石农布侠武一同躺在繁星熠熠下的土掌房房顶,感受谷风从无量河吹来,凉爽的夏夜伴着他悠扬的歌声在山谷中回荡。石农布就像是油米的李白,他是我们见过最潇洒的人,每次见面,他一定会先唱一首歌;他每天一定要走到水源处洗脸,说那儿的水好,洗了人精神;当我们想找他找不到时,他却忽然骑着马在路的那头出现了;我们一起到河边敬河神,他常走到一半便爬上树摘果子解渴;早上被他叫去喝茶聊天,再出来时天已黑了。他说起油米,说起自己的人生故事,有如滔滔金沙江,不是一天两天能说尽的。石农布总说,他这一生就在这方圆几里了,去观音海求雨,去河边淘金,赶着马五天五夜去藏民聚居地卖鸡蛋,结果鸡蛋受热爆开……他当过村长,是侠武也是德高望重的长辈,更是我们所有人的好朋友。

我们还没来得及和石农布分享这些记录油米的书册,这里面有很多的故事和知识都来自他的讲述。他已潇洒地来人间走过一回,魂已归去喜马拉雅山,他用双脚丈量过这里每一分土地。在这方圆几里内,承载的是一个人乃至一个村落,一个民族,如此伟大的一切,民族的智慧浩瀚无垠,短短的人生,却精彩万分。"我们人是很小小的，但你不用怕，你看这些大山，我都走过了，知道这些都是宝藏。"谢谢你，阿布农布，我们下次再到你家的房顶上相聚，天上那颗一直闪的星星就是你吧？再唱一首歌给我们听吧！

山路艰辛，或者有许多人无法亲临这些美丽的村庄，但我们希望可以通过这本书，使更多人能够靠近他们的生活现实，希望读者能通过文字和一帧帧的照片，感受隐秘在遥远大山中的族情乡韵，感知他们的所见所思、社会人情，使得更多人了解，还有这么一群人，在当今商业社会趋于同质化的浪潮中，依然自信且坚定地耕耘世代传承的文化礼俗，以此丰厚我们自己的生命经验。让我们一起走进山肚子里的岁月，走进仪式浸润的村庄，重塑对生活的想象。

第一篇

山河无量

在我国西南，奔腾的金沙江串联起四个古老的纳西族和摩梭人村落。吾木村曾是纳西古王国的粮仓，这里世代传承祖辈的农耕习惯，更是传统医药和老种子的宝库。循流而上，当看到远处雄伟的太子关，顺势向下眺望，可见山谷中有块巨石，一面斜插入江，巨石上的古村落即石头城。1 300 多年前，石头城人就设计建造令人惊叹的"明沟暗渠"灌溉系统，与山地梯田相得益彰并沿用至今，滋养着两百多户纳西人家。再往上游越过几重山，来到大山怀抱的三江口，就能听到大渡桥旁的达巴经鼓声，这古老的摩梭村落就是拉伯村。继续深入，便是山川之界，与群星相伴的油米村。

吾木村 坐落在云南省丽江市玉龙纳西族自治县宝山乡的东南部,纳西语"Jil coq we",是"谷堆"的变音,曾名"乌木村"和"悟母村",过去这里是丽江纳西古王国的重要产粮区之一。据传吾木村建于北宋之前,是历史悠久的纳西村落。吾木村有很好的农业生产基础,是茶马古道的必经之地,赶马人正月十五出发,二月初八来到这里的三多庙祭拜三多神(纳西族的保护神,玉龙雪山的化身),要趁还没有下雪走完雪山的路段,并在农历七月以前回到吾木三多庙还愿。

吾木人勤劳纯朴，村民关系紧密。和大多数的村子一样，村里的青壮年男性大都进城打工。我们遇到一位村里的大哥，他刚结束在外打工的日子，儿子已经上了大学，于是他回到心心念念的老家，种些摸摸香（香叶天竺葵）、苞谷、石榴，养些鸡，他说自己的生活非常富足。在外地的时候，他经常拿起手机看看家乡的照片——这个藏身山中的小村庄，晨起炊烟袅袅，玉米田绿意盎然，美景入梦牵引着游子。如今，这样的生活又成了归乡人的日常。

吾木村纳西族东巴文化传承院成立于1999年9月9日，由村民和继泉、和茂椿、和福洋、和贵材、和那恒等自发组织建立。东巴是村民眼中的智者，传承院负责组织村里的东巴仪式，调解内部矛盾。每有重大仪式时，全村动员，村民们热情地拿出自家的食物，积极参与。纳西人信奉传承自祖先的纳西三观——"宇宙观""自然观""人生观"，保有祭天、祭自然神、祭祖、祭风等传统仪式。吾木村恢复祭天仪式有10多年，这是最盛大的纳西东巴仪式。

假期社会实践合作单位

中国共产党悟母村纳西族东巴文化传承院支部委员会

吾木村的东巴字墙。
吾木的东巴肩负传承东巴文化的责任，
经常接待各地的朋友徒步于此，体验这个古村落的文化与智慧。

在吾木村巷弄两旁的墙上，
经常可见东巴字画的彩绘，
这是吾木人对东巴文化的保护和传承。

和学坚是吾木村的老中医，年轻时，他遵从母亲的期望做起了医生，给村民看病已经60多载，村里的许多孩子都是他接生的。他与传统草药打了一辈子交道，熟悉百种草药，也常向石头城村和拉伯村的村民教授本地中草药知识。

和丽军是和学坚的儿子，他承袭父亲的衣钵当了医生，继续用知识和医术守护村民的健康。和丽军整理记录了约110种当地中草药的药效、特征，使这些宝贵的知识经验得以传承。

上 五彩缤纷、多姿多态的种子是农人耕作的根本。丽江东部有句俗谚："美女在塔城，帅哥在俄亚，良田在吾木"。吾木土壤肥沃，气候温暖，适合各种农作物的种植。纳西人拥有丰富的传统文化又身处特殊的山地环境，使他们保留了多样的老种子，包括水稻、玉米、豆类、瓜类等。

下 在吾木村农民种子文化图书馆，保存了地方传统品种的种子，还收藏了村子过去的农耕文献和老照片，在这里，可以感受到吾木与农耕文化紧紧相依。

和文慧手捧老玉米粒。作为吾木的年轻一代，她种植了许多玉米、豆类。个性大方的她非常能干，坚持用原生态的方式，以猪草、南瓜、玉米、蚕豆叶等作为饲料喂养当地的黑土猪。

吾木村民和金瑞正准备用古老的石磨和老品种豆子来磨豆浆，她平常在村里干活，与村里的姊妹一同学习编织，她们也热衷学习各种新事物，曾经到北京去交流。

石头城 位于丽江市玉龙纳西族自治县境内的金沙江干热河谷，背靠雄伟的太子关，是典型的纳西族山地社区。石头城建造于元朝至元年间（1264—1294 年），因村庄建于一块菇状的巨石上而得名，天然的地势造就其四壁陡峭，任何动物都难以攀爬上来，古城四周建有约 5 米高的石墙，只有前后两道城门能进出。

如今若要到石头城，可驱车前往，也可在阿海水电站乘船逆流而上，无论陆路或水路，都能看见沿途风景从葱郁山林渐渐转为干热谷地，坚毅的纳西人在此层层修筑梯田，建造明沟暗渠，风土人情独具一格。5 月的石头城麦浪滚滚，犹如护城河守护着山间岁月。

石头城的纳西先人辟岩而居，房屋依山势而建，以山体坡面为石墙，嵌为一体。最早生活于石头城的祖辈在天然的巨石上凿出石灶、石床、石桌、石缸，智慧巧手令人叹为观止。历经千百年后，石头城只有一处古宅保留着石床石灶，虽已不再使用，但凿石建房的精神却依然流淌在许多族人心中。

石头城保留着传统的编织工艺，人们用玉米叶和秸秆编草鞋。尽管现在穿草鞋的人越来越少，老人木香谷的编织技艺却仍然精湛。木香谷是石头城书记木文川的母亲，历经岁月的脸上永远带着微笑，她眼神明亮，身手更是像年轻人一样矫健，这也是许多石头城老人的写照。因为地势的原因，这里的人一出门不是上山就是下坡，背着背篓上上下下打猪草、忙农活。

一次偶然的机会，木文川在油米村发现了在石头城消失已久的荨麻种子。

荨麻织出来的麻布，是石头城女儿出嫁时的嫁妆，也是白事上仪式不可或缺的材料。

木文川将荨麻种子带回石头城，恢复了村里的荨麻种植和纺织，

老奶奶坐上停用已久的纺车，织出来的麻布，见证着石头城的婚丧嫁娶。

石头城的青壮年男性大都外出打工，妇女和老人成了主要的劳动力。
妇女是守护种子、种植粮食、农业生产的主角。

在石头城土生土长的李瑞珍，一个人扛起家里所有的农活和家务，日夜奔波于田间。精力充沛的她，每天干完繁重的农活后，还会到村里的广场放音乐，带领大家打跳，或者教其他村民一同跳广场舞。当音乐响起，她的舞姿轻快有力，散发出迷人的魅力，让人目不转睛。她很享受这样充实的生活："城里不好在，哪有石头城好在！"

在李瑞珍的带领下，村里重组了 13 人的妇女文艺队，
她们向村里长者学习传统纳西歌舞，排练民族特色的节目。

李瑞珍手捧的花皮花生有着似扎染般红白相间的外衣，
石头城人称其为"花花生"，它深受村民喜爱，经常出现在当地的餐桌上。
在石头城，女性之间依然保留着相互交换种子、交流生产经验的习惯。

和秀勤不仅是石头城的医护，厨艺也很精湛。

热心肠的她，对待所有人都像对待自己的家人一样。

她总会边干活边唱歌，快乐地徜徉于自己的天地中。

虽然一人要扛起所有农活和家务，但她脸上总是笑盈盈的，

忙碌一天后，腰酸了，脚肿了，却还是笑着握着你的手说：

"累不累，快去休息啰。"

纳西育种专家张秀云被大家叫作"玉米妈妈",因为她保有 30 多个玉米品种,并尝试将纳西传统的种植方式和自己掌握的选种育种技术结合在一起,以应对多变的气候环境。她的阳台上经常挂满各式各样的玉米。"你问我种子从哪里来,就好像在问我们从哪来一样。"她年复一年种植祖辈留下的种子,不断学习育种,至今坚持了快 10 年。

无数的家务活，无尽的田间事，
她们可以用一条细绳将洗衣机从山腰扛到江边，
独自一人养猪、种地、砍柴。
妇女为家人守着温暖的家，守着纳西石头城。

和善豪老人生于1947年，父亲是大东巴。他是石头城老年协会会长，曾做过教师、木匠，是村里最有文化的老人。他对石头城的过去和现在了如指掌，村民们都十分尊敬他。每天早上他都会背起背篓，到菜地浇水、找猪草，尽心打理他丰富多样的小菜地。

木文川是宝山行政村党支部的副书记，
村里大大小小的事大都由他负责，
他也是农民种子网络参与式研究小组的带头人，
从事玉米、小麦等作物的参与式选育种。
他非常热爱自己的家乡，面对石头城旅游业的发展，
他始终坚持底线——纳西人必须自己留住自己的家园。

据石头城的老人们回忆，过去种庄稼，都是老百姓自己留种，老种子很丰富。
人们习惯在收获的季节把最好的果实挂在顶天柱上，寓意把最好的粮食拿来祭拜祖宗，
祈祷来年风调雨顺，同时也可防潮、防蛀虫。在干热河谷的地带，这些老种子才易于留存。

石头城村民组成了种子小组，不断尝试老品种的复育，并引进选育种，农作物品种越来越多。为了让更多的村民加入，并系统地保存记录当地的品种，2016 年，村民在农民种子网络的协助下，于村里的宝山州府原址建立了石头城社区种子银行。

村民手中的种子，存活了数百年，
见证了无数次的播种与丰收，哺育了无数生命的成长，
经历四季风雨，不断演化，流传至今，仍然播撒在纳西乡土。

守护老种子的人们，也是石头城的守护者，
在日益脆弱的土地上呵护着这个巨石上的村庄。

石头城的南瓜硕大无比，不同的品种生长着不同的纹路，

南瓜体积大、产量多，大多被拿来喂猪。

只有当地人懂得如何挑一个好瓜，

上了餐桌，口感绵密香甜。

玉米是石头城村民重要的粮食作物。
玉米可以用来酿酒，可以磨粉喂食家禽牲畜，
还可以做粑粑等吃食，干枯的玉米杆可以拿来喂马，或用作柴薪。

豆腐炒肉是杀猪节的必备菜肴，
几乎每家每户都会准备这道菜，
新做好的豆腐搭配瘦肉片，就是完美组合。

拉伯村 隶属丽江宁蒗彝族自治县拉伯乡，坐落在金沙江畔，由 17 个自然村组成，包括拉卡西、树枝等，是摩梭人、纳西族、汉族的聚居地。

金沙江上的阿海水电站修建后，水面上升淹没了江边的水田，拉卡西村民往上游移民安置。

这里气候干燥少雨，邻近泸沽湖旅游小环线，加上金沙江与天然的溶洞景观，吸引了许多徒步爱好者。

拉卡西自然村大部分村民为摩梭人，村里有三大姓：杨姓、王姓、和姓。
当地人主要种植玉米、小麦、大麦、高粱、青花椒等作物。
由于雨水少，村子里生长了许多仙人掌，从前生活贫困时，
许多人以仙人掌果充饥，近来它也成了当地的特色饮食之一。

拉伯的摩梭人信奉达巴,与东巴文化一脉相承。

达巴没有文字,以师徒口传心记的方式传承。

达巴经典记录了当地摩梭人的生产、生活、意识、习俗等内容,

充分反映了摩梭先民的世界观、道德观、自然观。

　杨高汝（1938 年 3 月生人）在拉伯德高望重，他掌握全面的达巴祭祀仪式知识，
　　是拉伯最年长、最有威望的老达巴。杨高汝的舅舅也是家族中的达巴，他从小耳
　　濡目染，受舅舅启蒙学习达巴，如果他不学，达巴经就面临失传的危机。当时杨
　　高汝年仅 8 岁，跟着舅舅去做仪式，口传心记。23 岁时，杨高汝便开始独立做仪
　　式，如今他的儿子也继承衣钵当了达巴。达巴文化浸润了拉伯人生活的方方面面，
　　在生老病死、传统节庆的仪式上，达巴都是重要的角色。

　拉伯的达巴们在烧香祭山神、水神、地神，摩梭语称"松盖章圈"。

拉伯村的达巴高听农布

拉卡西的文艺队。

村民杨建新 2018 年牵头组织成立了三十多人的摩梭舞蹈队，

在村中大力宣传保留传统文化的重要性，他带着文艺队在村里村外进行表演。

杨成勇在村里大大小小的活动和仪式上用葫芦笙吹奏乐曲，这是摩梭传统舞蹈的重要组成部分。杨成勇制作葫芦笙已有40多年，现为宁蒗县县级非遗传承人。

拉伯村至今都还保留着许多老种子，
尤其是豆类和小麦。
这些老种子在村民手中代代相传，
他们还与周边的石头城、
油米村紧密联系、互通有无。
2019 年拉伯村成立了种子银行，
共存储 31 个农家传统品种。
图为当地的老品种豆类、青花椒、花皮花生。

代代相传的老种子。

油米村 隶属拉伯乡加泽行政村，村落环山抱水，北靠虎头山，东临象山，西北侧的神龙山向下延伸至无量河边，在山川滋养下孕育出丰富而独特的生态文化。无量河是金沙江的支流，流经稻城、理塘、木里、宁蒗，是油米人家的衣食之源，油米人感恩自然，为回报河神，每年腊月初十带着猪鼻、牛奶等到江边烧香敬河神。

在山肚子里的油米村，夜晚被星河笼罩。
油米的侠武石农布经常躺在屋顶上，
喝一口酒，哼一首歌，与星空为友。
油米的东巴都会看星宿，杨多吉扎实东巴说：
"我们是看星宿的民族。"

从前，在山高谷深的加泽大山，只能靠骡马通行。
2020年，通往油米村的水泥路完工，崎岖山路变通途，
无论货物还是人员进出村子都比以前方便许多，
摩托车也取代骡马成为当地主要的交通工具，再远的山路都能一天往返。

出村的路越来越方便，也让油米人有了更多"走出去"的选择。

然而每当杀猪节、油米新年到来，无论离家多远，油米人都会回到无量河畔的这个小山村，

转山祭山神，河边祭河神。油米人说："无论去了多远，都会回来的。"

第二篇

东巴符码

山肚子里的油米村，处于现代社会的边缘，却是东巴信仰的中心。东巴文化是摩梭人的根基，是精神食粮、心灵寄托，是生活中必不可少的一部分。仪式浸润了山间岁月，年复一年，九位东巴和两位侠武支撑起的数百场仪式，都是与山川神灵的交流，照拂着每一个人的生命始终，换来油米的安定康宁。让我们踩着东巴神鼓的鼓点，追随着东巴念诵经文的声音，走进这个小小的村庄。

杨多吉扎实（生于 1952 年）

幼年跟随爷爷学习东巴，1966 年拜外公为师。
"文革"后曾历时十余载在云南、四川等地搜寻、借阅并誊抄东巴经书，
为东巴文化的保存和传承做出了突出贡献。现今油米村资历和威望最高的大东巴。

阿公塔（生于 1972 年）

1992 年拜杨多吉扎实东巴为师，油米村阿姓家族最年长的东巴。

1999—2010 年担任油米村村长，其间在村小学担任 5 年代课教师。

他给村里抄写了 17 套近 300 本经书，2016—2018 年，曾为国家博物馆誉写经书，并受到嘉奖。

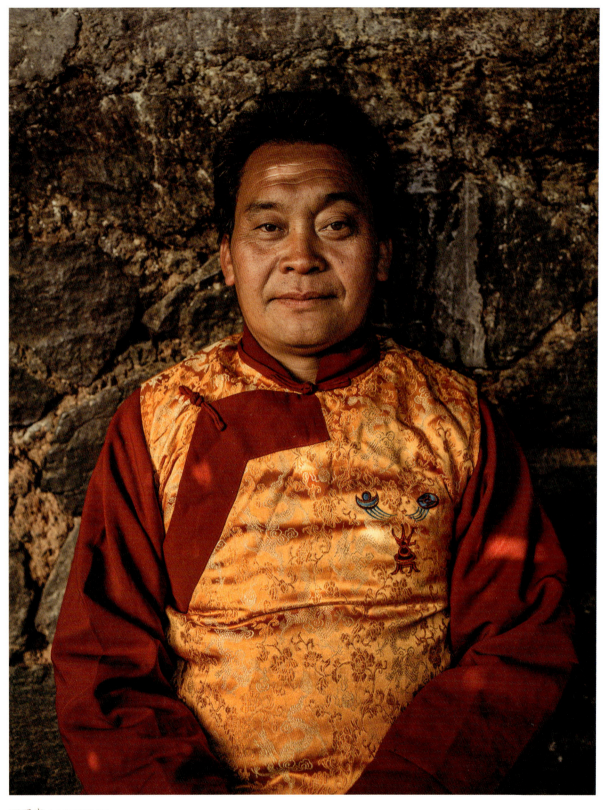

石玛宁（生于 1974 年）

7 岁时受爷爷石英支扎实东巴启蒙，15 岁正式拜叔叔石玉吓为师，
21 岁开始外出打工。现为油米村石姓家族资历最高的东巴。

杨布里（生于 1974 年）

12 岁开始跟着叔叔杨格果边淘金边学东巴，2001 年拜石玉吓为师。

20 岁开始先后到西藏、四川稻城、云南丽江等地打工，后回到油米村周边做骡马生意。

杨给茸（生于 1978 年）

5 岁开始被爷爷杨英塔逼着学东巴，先拜石玉吓父亲石英支扎实东巴为师，
10 岁时拜石玉吓为师。13 岁开始外出打工，承担起挣钱养家的重任。

阿泽里（生于 1979 年）

从小跟随父亲学东巴，12 岁拜石玉吓为师。
17 岁开始外出打工，到四川木里周边挖金。

杨玛佐（生于 1983 年）

成丁礼后，在四伯杨公塔和家人的支持下跟随杨多吉扎实学东巴，是油米村杨氏家族东巴传承人。
2001 年成婚，2004—2008 年外出打工，返村后专心学习东巴经书与仪式。

杨泽礼（生于 1986 年）

成长于东巴世家，对东巴经文和仪式耳濡目染，博闻强识。

他跟随父亲杨多吉扎实学习东巴，擅长木工雕刻、绘画，是油米村最年轻的东巴。

杨那本（生于 1973 年）

　　生于油米村，1985 年拜杨英塔为师开始学习东巴，杨英塔去世后又拜树枝村的石宝雄为师。

　　杨那本东巴目前的应达（主家）为油米村的四家人、树枝村一家人，他育有两子，大儿子正跟随他学习东巴。

　　杨那本东巴一家居住在油米村东面象山上的田湾子，离油米村颇有些距离，他非常喜欢保留和种植当地老品种作物。

石文君（1948—2019年）

受访时为油米村及周边摩梭村落资历最高的侠武。

40岁跟随父亲石甲阿次尔学侠武，50岁开始收徒，门下徒弟共8人。

他曾与女婿阿公塔东巴共同将口诵的超度经书三册记录为书面文字，为侠武的传承做出重要贡献。

石农布（1961—2021 年）

石文君去世后，石农布成为油米村资历最高的侠武，

可以配合东巴主持全套的丧葬仪式。

初中毕业后他曾在川滇边境做生意，38 岁时开始跟随大哥石文君学习侠武。

曾任油米村村长 9 年，带领村民修路、建水池和通电。

油米村中生代东巴，从左到右为阿泽里、
石玛宁、杨玛佐、杨泽礼、杨给苴。

杨多吉扎实是油米村德高望重的大东巴，数十年间，他找回散失的东巴经书，进行系统整理、翻译，还学习汉文、国际音标，推动东巴文化的保护、传承与推广。他收有大徒弟阿公塔，二徒弟杨玛佐，小徒弟杨泽礼，三位徒弟都已经出师。

上 　在火塘边，身着东巴服饰的杨多吉
　　扎实正在为接下来的仪式做准备，
　　翻阅诵读东巴经书。他时而正襟危
　　坐，时而双手合十默诵。东巴诵经
　　时必须虔诚专注，仪式中以诵错经
　　书为禁忌。

117

杨多吉扎实在阳光下观察儿子采摘回来的草药。

油米人对大自然怀有敬畏之心，他们熟悉山林采集、珍菌药草，
积累了丰富的传统医药知识。东巴是传统医学的践行者，
他们根据经书记载和实践经验为当地人寻药治病。

杨多吉扎实在自家房顶的藏经阁聚精会神地抄写经书。仪式中常用的东巴经书需要定时抄写副本，这样保存时间较久的原本不至于损坏。

在"文革"结束后，杨多吉扎实义无反顾地走访云南、四川的纳西、摩梭村落借阅、抄写经书，以求将失落的经书重新带回油米。经过多年的努力，他不仅完成了这一夙愿，还将许多陈旧零散的经书，通过细致核对和校正，整理成一套清晰完整、方便现代人理解的经书，为东巴文化的传承做出巨大贡献。

在家户仪式的过程中，大多会有东巴看羊膊的环节，有时也看鸡卜。
将羊膊骨或鸡骨从先前仪式中煮制、献祭的羊肉、鸡肉中挑出，
东巴通过观察上面的自然纹路以及裂纹，对这家人接下来的运势进行占卜。
婴儿出生时，东巴也会看羊膊来推算孩子一生的运程。

上　杨多吉扎实东巴向村里的年轻人解释看鸡卜的结果，接下来需要做消灾仪式来应对。

下　杨多吉扎实东巴给儿子杨泽礼讲授经书，杨泽礼是油米村目前最年轻的东巴。

在消灾仪式中，杨多吉扎实东巴吹奏白海螺。
消灾仪式是一种常见的东巴仪式，当家中发生重大灾祸，
或是要预防不好的事情发生时，都需要做这种仪式。

白海螺是东巴仪式中常见的也是最重要的法器之一，
基本成对出现，象征神圣与圣洁，
相传悠远空灵的海螺声是神灵喜爱的声音。
在东巴仪式中，同时吹响两只白海螺有通神的作用，
主要用在仪式的通灵时刻，即与神鬼进行沟通，
请神、谢神和送神时，由东巴左右手各持一只白海螺，
鼓足气吹响。平时白海螺作为神器被供奉在神柜上。

杨多吉扎实东巴手持板铃和手摇鼓诵经，
这也是广泛使用于东巴仪式中的法器。

上　杨多吉扎实东巴诵经，杨泽礼东巴配合吹白海螺。

下　杨多吉扎实东巴在消灾仪式中诵读东巴经书。

上　东巴法器不仅在仪式中必不可少，也是家族传承的见证。
　　图中包括：五幅冠、板铃、手摇鼓、面偶模具、
　　白海螺、法杖、念珠、匕首、铜钹等。

左　东巴在仪式中吹响白海螺。

右　阿泽里东巴摇动板铃和手摇鼓起舞。在东巴仪式中，
　　板铃代表日，左手持之；手摇鼓代表月，右手持之。
　　表示以日月之威力镇鬼压魔。

东巴绘制东巴舞谱。
在油米村，东巴舞只出现在丧葬仪式中。

杨布里东巴诵读东巴经，他说：
"念经的时候，意念到位，所做的事情就会成。
做仪式的时候，经书和意念各方面都要配合。"

上　清晨，杨给苴东巴念《烧香经》，油米人每日晨起的第一件
　　事就是烧天香，每个成年男子都要学习诵读《烧香经》，这
　　是一部对所有油米人都很重要的经书。

下　消灾仪式前，杨玛佐东巴制备慑鬼法器。在不同的仪式里，
　　东巴使用的法器也不相同。

油米人家里的神柜多用木头制成，外侧刻画日月、玉瓶、莲花等装饰，象征神灵守护，神柜用来放置经书与法器，是家户祭祀之处。神柜下方通常放置长者日常食用的茶与盐等，客人来访带来的礼物也会先放在神柜前供奉。仪式过程中，根据不同仪式需要敬献的神灵，神柜会进行相应的布置。

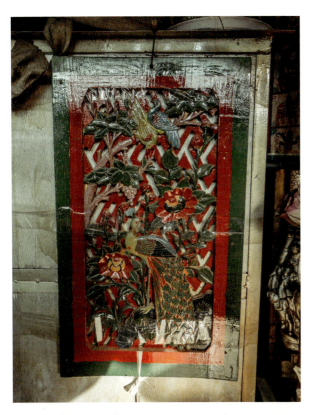

油米人做仪式时，大多都有布置神堂、敬献神灵的环节。
图为摩梭新年仪式中东巴布置的神坛，
油米人过年要供奉三天素食来招待 360 尊神，
祭献白食和酥油，还要点上一盏灯，
放上清香木、栗枝和竹草等。

左　仪式中使用的牲礼面偶，形态包括马、绵羊、牦牛等。东巴仪式会用到各式各样的面偶，主要的制作材料有炒麦面、荞面、青稞面等。

右　祭祀时还会在火塘焚烧清香木除秽。

杨多吉扎实东巴给孙子杨智主持成丁礼，将美酒献给八方诸神，为成丁的孩子祈求护佑。摩梭人13岁成年，在这一年的摩梭新年正月初一（农历十二月初一），摩梭男孩穿裤子扎腰带，摩梭女孩穿裙子戴头饰。男孩左脚踩在猪膘肉上，右脚踩在米袋上；女孩左脚踩在猪油上，右脚踩在米袋上。由长辈为他们穿衣做成丁仪式。东巴主持烧天香仪式，祭祀祖先神灵，成丁的孩子带着礼物到所有长辈处磕头献礼，祈求长寿和美好的祝福，长辈给成丁的孩子献上哈达、点酥油。在祖先神灵和长辈的护佑中，孩子成为大人，体味成年的滋味。

2019 年摩梭新年，杨智举行成丁礼，
他脚踩大米和猪膘肉，父亲和哥哥为他穿上新衣，
象征着在成丁后的日子里吃用不尽。

成丁礼上，爷爷诵经，爸爸吹螺，
声声蕴含对后辈的期许。

杨多吉扎实东巴给杨智戴上象征吉祥如意的彩绳，
杨智给爷爷磕头祈求长寿和美好的祝福。

石哈巴米亲手为小儿子杨智编织成丁礼腰带、做长衫，
母亲将对孩子健康成长的期许织进其中。

东巴仪式贯穿了每个摩梭人的一生，而丧葬仪式是他们生命中最重要的仪式。
石文君生前是油米及附近村庄的大侠武，备受尊敬，他的葬礼是一场大仪式，
村里9位东巴全都来了，经书就要念200多本。

葬礼超度仪式中的道场超度环节，需要在村子附近找一片开阔地进行。
全村人基本都要参与，架设胜利神旗帜、铺设《神路图》、跳东巴舞、杀牛羊献祭，
全村人席地野炊、共饮牛角酒、牵马送别……

上　石文君葬礼上的胜利神旗帜。这种旗帜往往出现在东巴、侠武以及德高望重（或者对村子有重要贡献）的长者的超度道场。油米崇敬虎图腾，胜利神旗帜下挂有虎皮，有增强仪式效果、震慑鬼怪的作用。象征胜利神（及英勇的祖先）曾经带领村民战胜猛兽，表达油米人对神灵和先辈的崇敬与缅怀。

下　石文君的丧葬仪式由他的侄子杨给苴做主祭东巴，女婿阿公塔和石姓家族东巴石玛宁做助手。石文君的弟弟石农布侠武负责接气，接气是丧葬仪式中的一个环节，指接下逝者留下的福气，传递给家族的其他成员，接气时东巴配合念诵经书。

上　　葬礼的超度仪式上，逝者家属拉来牛羊，宰杀献祭。

下　　在道场牵马送别逝者时，如果马背摇晃就代表逝者的灵魂
　　　同意让这匹马作为驮他去祖居地的向导，还有一种说法是
　　　逝者的灵魂上马，马有感应，所以会摇晃。

超度仪式上，《神路图》两旁插着清香木，
油米人相信清香木能够除秽，净化神灵降临的场所。
《神路图》分为地狱、人类世界、自然天国、天国四个部分，
东巴将逝者的灵魂一级一级向上超度。

在东巴、侠武及德高望重的长者逝世周年时，还会举行周年祭仪。
2020年腊月初二，石文君侠武逝世一周年，村民举行了盛大的道场祭奠。
图为在周年祭上搭设的素色布旗，素色象征着纯洁与哀思，
高耸的旗帜代表祭祀人员通过这样的方式缩短与远在天堂的逝者之间的距离，
让逝者能够看到子孙后代在他逝去的日子里依旧怀念他。

在周年的超度仪式上，老东巴手绘《超度经》，经文记载了油米祖先的迁徙路线，通过超度，油米人相信可以将逝者的灵魂一级一级地送上去，送往祖先来处，翻过喜马拉雅山，从印度洋海边往海上超度，从海上超度到人间，从人间超度到神界。

亲人石巴米在仪式中向逝者祭坛抛洒谷物，
寄托对逝者的哀思。

油米村的妇女在等待仪式的过程中围坐在一起。在道场超度当天，全村妇女也是重要角色，她们不仅要烹煮祭品，还要准备在场所有人的午餐，以及仪式中需要用到的五谷、茶叶和猪膘肉。

油米是亲族社会，丧葬仪式是最能够展现村民关系和团结的场合。
图为石文君的弟弟石农布及其他家人。

第三篇

火塘边上

油米人家的核心就是那一围火塘，从日常三餐到生命礼仪，一代代油米人都围绕在火塘边上。薪传之火，哺育生命、暖亮人心，是小小村庄生生不息的活力。依山傍水的油米，发展出因地制宜的山地农耕系统，春秋轮转，从忙着耕种放牧农事的祖孙，到纺织鞣革的织娘匠人，再到年节欢乐打跳的年轻人，油米人无不流露着对家园生境的情真意切。油米人传承着一粒粒老种子，他们自己也像一颗颗小种子，在这里生根发芽，枝繁叶茂。

走进油米人家，家屋中央烧着火的火塘往往最先吸引来客的目光。从出生起，油米人的日常起居、大小仪式都紧紧围绕这方寸天地。火塘代表着油米人的家庭秩序，是普通人的文化信仰，是社会结构的精神符号。东巴在火塘边诵经，妇女在火塘烧饭，家族相聚于火塘议事，孩子在火塘边成长。当跋山涉水来到大山里的油米，围坐于温暖的火塘，在无数个日夜里，陌生的、熟悉的面孔交织于这火光中，火塘中薪火不灭，故事传了一代又一代。

火塘是家屋的心脏，铁三脚则是火塘的心脏，
也是日常做饭、烧水的地方，忌讳任意搬动。
摩梭新年，油米人将三片猪肉放在铁三脚上，
意味着整年都有肉可吃，这是油米人的"年年有余"。

火塘靠近神柜处放着锅庄石，
这是敬祖先的地方，家屋神圣的场所，猪肉只能放在此处。
油米人在三餐饭前，第一口定要先敬锅庄，以感恩祖先。

牛头饭是油米人"记忆中的味道",一边将细细的玉米面放在锅里煨火蒸煮,一边用桑木做的棒子慢慢搅拌,熬煮牛头饭需要时间与耐心。老一辈的油米人最喜欢这香甜温润的牛头饭。

左下 火塘上方的木架上挂着猪尿泡，
当天干物燥，猪尿泡就会鼓起，
提醒人们小心火灾。每年杀年猪，
油米人都会换上新的猪尿泡。

右下 过去，火塘上的天窗是油米人家
屋唯一的窗户，下方悬挂木架，
油米人认为这样可以阻挡鬼怪从
此处进来，木架上还可以存放或
熏烤风干食物。

油米现在的新房子在墙壁也开设了窗户，清晨阳光洒进屋内，
油米人在金色的薄雾里迎来新的一天。

杨多吉扎实东巴居住的老屋。油米人的家屋都面朝美丽的象山，
以太阳升起的东方为最佳居住朝向。

上　杨多吉扎实东巴的家屋附近，挂了一面小黑板，用来教村
　　里还未上小学的孩子们识字，讲小故事传授做人的道理。
　　东巴是智者，是摩梭人的知识分子，杨多吉扎实东巴是村
　　里备受尊敬的文化人。小黑板上还曾写着，"为善者最乐，
　　为恶者难逃""世界大同"……

下　杨多吉扎实东巴家屋顶上晾着许多的羊皮，他是油米的大
　　东巴，一年要为村里做许多场仪式，东巴做完仪式，应达（主
　　家）会将仪式中敬献的羊、猪等献给东巴以表敬意。

阳光洒进老屋，这是杨多吉扎实妻子石巴米烹煮牲畜食物的地方，石巴米有时在这里歇息回想往事。

每当外人来访，石巴米总是默默微笑在一旁听着，虽然有语言的隔阂，我们仍能感受到她的热情好客。做东巴的妻子是一件苦差事，石巴米生育了四个儿女，扛起照顾家庭的重担，她的双手布满皱纹和厚茧，似乎也在无声地诉说着她的故事。

石巴米正在准备猪食,
将猪草剁碎后拌以煮熟的玉米粉来喂猪。

石巴米在自家挤牛奶。油米老屋的底层是
牲畜的居所,对油米人来说,牛奶是很重
要的食物,在敬自然神的时候,需要供奉
鲜牛奶,并且最好是自家母牛产的。

石巴米瘦小的肩膀扛起一家生活重担，
她每天早起煮猪食，再到山上去放牛放羊。

杨卓玛拉姆和奶奶石生根卓玛也一起去放牛。
油米村附近的山上有个放牧坪，
老人和孩子会在早饭后
把牛、骡、羊等赶上山吃草。

直到近些年，油米的摩梭人都还与牲畜同住在一栋房屋中，人们视牛、马、骡子等家畜为家庭成员。在油米，每一头牛都有自己的名字。杨卓玛拉姆很喜欢跟着奶奶上山放牧、打猪草，这是祖孙亲密的时光。

放牧闲暇时，
油米人喜欢在山上煮茶来喝。

老人石嘎佐是杨多吉扎实东巴的亲家，
杨多吉扎实的女儿杨松茸拉姆嫁给了石嘎佐的儿子石开佐。
油米人亲连亲，几乎所有人都有亲戚关系。

从前，村里上学的机会都让给男孩。

随着优惠政策的普及，现在村里很多女孩也主动争取去读书，

上学的女孩越来越多了。

刚回到老家的杨嘎土，他是杨玛佐东巴的二哥，在外挣钱养家，始终支持着弟弟学东巴。

杨艳是村里有想法的年轻人，经常参与村里村外的活动。她嫁到油米后生了两个可爱的孩子，干农活、养牲畜、纺织、打跳，靠双手和勤劳撑起了整个家，虽然辛苦，但她很满意这样踏实的生活，她为身为摩梭人而感到骄傲。

石农布侯武是个浪漫风趣的人，他说，

人要享受当下，夜里，

石农布经常躺在屋顶上喝酒唱歌，

与山川星空相伴。

杨文国是杨多吉扎实东巴的弟弟，也是村里的文化人，
他从宁蒗县教育局副局长任上退休后，回到村里居住。

上　杨给苴东巴的母亲杨博米，她的父亲杨英塔也是一位东巴。

下　降初卓玛，又名熊楚楚，普米族，嫁到油米村，现在和儿子石阿塔一起生活。因名字中有一个"初"的音，村里人都叫她"楚楚"。

杨家老主屋。过去杀猪节时，家家户户无论多远都要把猪扛到老祖屋来，
家族中有重要的活动都要在这老祖屋开始，代代相传，教育子孙后代感恩不忘本。

近来，油米新建的房屋除了建材出现变化外
也增加了窗户及现代生活设施。

油米人将牛角、羊角悬挂起来，他们认为这样
可以辟邪，阻挡不好的东西进入屋内。

春天的小麦地。
油米村地处干热河谷，
根据当地的气候及土地等条件，
油米人有序开展季节间轮换种植，
一年种植两季，大春小春轮作。
小麦是小春的主要作物之一。

经过勤劳耕种，种子变成食物，麦子被做成油米的孩子们喜爱的粑粑。用牛奶混合麦面、白糖做粑粑，可以蒸或者油炸，是油米人最喜欢的早餐。做粑粑的麦面是小春种植的光头麦，油米农户从三江口和次瓦村引过来后就自己留种了，很适合当地的气候。

油米人充分利用有限的土地，开发出多种作物间作套种的山地农耕方式，
丰富的老种子就这样一年年地在耕种中流传下来。摩梭女性是选种、留种和换种的主力，
她们关于传统农耕的知识和技能也在日常生活中潜移默化地传给下一代。

皮匠杨嘎汝（1969—2024年）和他的爱犬"小狼"，
他穿着自己做的羊皮褂，家里的坐垫也都是自己揉的。

杨嘎汝曾是油米村为数不多的皮匠之一，
他做皮子的手艺是父亲杨哈巴佐传下来的。
一年之中，只有夏天的三个月（农历六月至八月）
可以制皮子，其他季节的温度不够。

"皮子吃油，皮匠吃酒。"
皮子晒完后就有臭味了，揉好后的皮子要抹猪油，
皮匠这个时候就要喝一点酒。
杨嘎汝最满意的作品是用母黄牛的皮子给杨玛佐做的
牛皮大鼓，和给杨文国揉的山驴皮子坐垫。

黄昏中石匠在屋顶劳作。"换工"是油米建房的重要互助机制，一家修房村里人都会来帮忙。油米家屋的石墙分内外两面，砌石墙需要两名石匠分别砌内墙和外墙，内墙是直的，而外墙有一定的坡度。

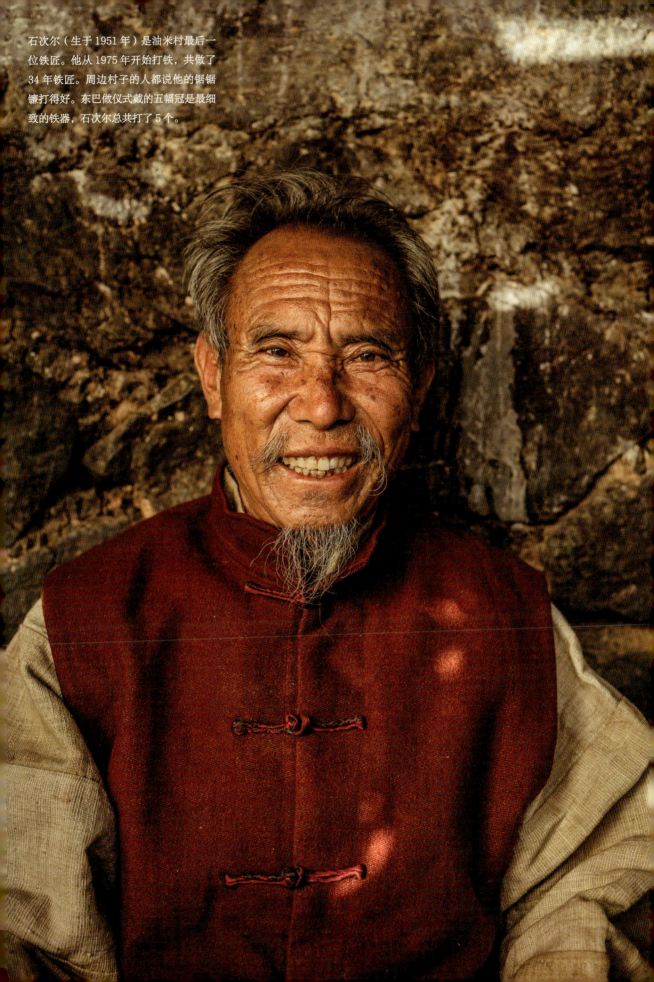

石次尔（生于1951年）是油米村最后一位铁匠。他从1975年开始打铁，共做了34年铁匠。周边村子的人都说他的锯锯镰打得好。东巴做仪式戴的五幅冠是最细致的铁器，石次尔总共打了5个。

油米村摩梭人的传统服饰风格介于纳西族与藏族之间，人们身上的腰带、披肩、背包、布鞋、鞋垫等都由妇女手工制作。要是在节庆和祭祀活动时走进油米，就能有幸看见摩梭织娘的手艺了。现在村内年长的妇女和少数年轻妇女，依然能够用蚕丝、羊毛、棉、麻等材质纺线织布，做成具有当地特色的日常服饰用品。在油米人的成丁礼上，腰带是必不可少的配饰。为了孩子的成丁礼，妈妈或奶奶会提前几年就开始筹划，或养蚕抽丝，或购买彩线，慢慢编织。彩色棉线编织的腰带，中间是单色，两端配以花纹装饰，每根腰带的图案都不相同，带着亲人浓浓的祝福。图为石阿双展示她亲手编织的腰带。

石瑛抱着一篮子手工织品，她有一个坚定的信念：
传统工艺不能在她们这一代失传，只要眼睛还可以，就会坚持做手工编织。
现代经济的大潮冲击着古老的摩梭村落，怎么能把传统保留下来，是石瑛经常考虑的一个问题。

阿本马拉姆与她编织的披肩，油米人的披肩纹样丰富、色彩鲜艳，十分精美。

在女孩的成丁礼上，有些人也会准备这样一个披肩，既可以当披肩，也可以当作帽子戴，或者翻过来装随身小物。

编织披肩这项技艺过去消失了很多年，是石瑛又把它恢复了起来。

阿扎实拉姆手工织就的羊毛毯子。

央章拉姆与她制作的背包。

这些背包有斜背和双肩背样式，

有大有小，图案设计也都由织娘来完成，很受欢迎。

阿果米还掌握着古老的纺线技艺，
过去纺线的技术是母女相传的，
现在村里只有老人和少数的年轻妇女保有这项技艺。

油米村的妇女文艺队逢年过节会带头组织跳舞、篝火晚会。她们文艺队的主要成员杨玉婷，在村里组织了萤火虫志愿服务队，由四个文艺队骨干和四个大学生组成。她们不定期在村里开展活动，如舞蹈表演、传统编织等。志愿服务队还在村里做了入户调查，系统了解油米的耕种情况，思考东巴文化和老种子留存的关系。

第四篇

岁月印刻

摩梭新年是摩梭人一年里最重要的节日，油米的新年在清晨鸡啼后的第一笼香中揭开序幕。家家户户烧香诵经，到水源处祭水龙，到山上祭山神，载歌载舞、欢歌宴饮。如果家中有成丁的孩子，这一天的油米人家就更热闹了，男孩"穿裤子"，女孩"穿裙子"，东巴和长辈给予他们挚爱的祝福。油米不缺美食，猪膘肉是热情好客的油米人年节里走亲访友必不可少的礼物，切几片猪膘，尝一口美酒，坐在火塘边上聆听东巴诵经，上到房顶与乡亲们大快朵颐，吃饱饭再拿着茶酒去看赛马，给亲爱的小马点上酥油……

摩梭新年是家庭、家族乃至全村团聚的日子，加泽完小给学生们放假，外出的游子早在农历十一月杀猪节前就回到油米准备过年。大人们穿上摩梭民族服装，东巴们穿上东巴服，小孩穿上新衣服，载歌载舞欢庆新年。

油米的大年三十有捏面偶的习俗。东巴用小麦粉和酥油捏制众多面偶，并在面偶上撒上炒面，抹上一点酥油，放置于神坛上。

面偶象征着守护神和神兽，神偶会放置在主人家火塘边的神柜上继续供养，
而鬼偶则被抛到村外比较闭塞的田野，意味着通过这个仪式，
鬼偶将带走主人家的一切病痛、灾祸，使家人安康。

在油米村，主屋火塘边的神柜上，
往往摆着一个盛水的宝瓶，水需要定期更换，
并且在瓶中插上松枝、柏枝。
每逢年节，人们用清香木蘸取净水瓶中的圣水除秽。

摩梭新年初一，天刚破晓，公鸡开始打鸣，油米人家的海螺声纷纷响起，
家家户户的男子都要早起烧天香、诵经，祝福新年。
天还没大亮，杨多吉扎实的大儿子杨宝荣已经在屋顶的烧香塔烧香，祈祷顺利平安。
油米人尤为重视新年的第一笼香。屋顶上的烧香塔一般面向东方，象征向往光明。

在这一天，从家户到家族，再到全村，
油米人依次在主屋火塘、屋顶烧香塔、
水龙（水源处）、虎头山烧香塔烧天香，
祭祀水龙、山神和祖先，迎接新一年的到来。

大年初一，杨多吉扎实东巴在儿子家诵经，新年的清晨，伴随着诵经声，阳光洒进火塘。

烧完家里的第一笼香，天甫亮时，
共饮一个水源的家族集体到水源处烧天香祭祀水龙，
东巴们念《烧香经》的下段。
水龙的位置一般就在家户周围出水的地方，周遭树木茂盛。
油米村共有三个水龙，平常吃的哪支水，
就去给哪个水龙烧天香，不能越界。

祭水龙仪式上，年轻人跟着东巴念经的节奏吹白海螺，在油米，男性基本都要学习吹奏海螺。

混有柏树枝叶的牛奶是祭水龙仪式的贡品之一。

祭水龙仪式之后，村民回家喝早茶。

喝完早茶，油米村村民到虎头山集体烧天香，所有女性也要参与其中。
虎头山是油米人的神山，传说山神的坐骑有三个，分别是老虎、白马、大象。

虎头山上有一座大烧香塔。
过去油米人还会在这一天牵上家里的牛马牲口，
放到虎头山上，集体烧天香祈祷六畜兴旺。

新年时，油米人喜欢遍邀亲友在屋顶宴客，
吃拜年饭，大口喝酒、大口吃肉，象征富足美满。
眼前有美酒美食，远处山水明媚、天高气清，
油米人互相拜年祝祷，脸上绽放着笑容。
老东巴杨多吉实说："大口吃肉是最幸福的。"

新年，
油米人在锅庄放上一圈圈猪膘和米团，
是对年节的庆祝，对生活的信仰。

杨宝荣切下猪膘肉，准备留着给岳父岳母拜年。

猪膘在油米颇具象征意义，是食物、礼品，也是祭品。

油米村的人情往来离不开这传了数代的猪膘，

过年走访亲戚、祭拜神灵、敬献祖先，要的就是猪膘。

猪膘肉其貌不扬，外皮略显沧桑，口感却十分香醇肥美。

作为餐桌的要角，它为奔波劳作的人们提供热量和抚慰。

食物的香味牵扯着乡愁，做猪膘、吃猪膘是油米人根之所在、心之所系。

杨宝荣与放假回家的孩子们正在
为丰盛的年夜饭做准备，
宴请到访的亲朋好友。

右上　油米宴客要准备十二碗菜，摆上鸡、猪、鱼、牛、
　　　羊等食材做的菜肴，热情款待每位客人。

右下　现在，油米宴客的食物也开始逐渐出现变化，
　　　但不变的是永远有一盘猪膘肉。

初四是村内和邻村的远房亲戚来家里做客的日子。

妇女是社会交往的纽带，过年时，
油米村的家庭主妇互相宴请、友好往来，
也表达了油米人对母亲的尊重。

放在锅庄石上的米团，
待初五时扒开用火烧后分着吃，
有团结的寓意。

正月里，油米人都要去岳家拜年。
杨文国从宁蒗县教育局退休还乡，牵马驮着礼物到岳母家。
他的父亲即便是在病重时，都告诫晚辈不要忘了
在四月初一尝新麦、十月初一吃新米时孝敬岳父岳母。

左下　切一圈猪膘、片三片猪腿，加上
　　　猪头肉、猪舌，是油米人孝敬岳
　　　家的贵重礼物。

右上　过年时，亲戚间互相走访、看望
　　　长辈，石扎泽带着两个孩子来看
　　　望外婆阿开布，家人围坐在温暖
　　　的火塘边。

杨文国到亲戚阿永都新房拜年，
这是阿永都亲手设计的新房。

赛马是摩梭人的传统民俗，2020年摩梭新年正月初一，
油米的年轻一代组织村民筹资6 000多元恢复了赛马活动，
并邀请次瓦村、树枝村的摩梭人参加。
赛马开始前，石农布侠武撒酒敬天地以祈求顺利，
村中妇女和孩子给参赛的年轻人备好茶酒，好不热闹欢庆。

油米村的阿松农和他的宝马夺得了第一名，
阿公塔东巴给胜出者颁奖、给予祝福，
并给拔得头筹的冠军马儿点上酥油。

终 篇

手捧希望的种子

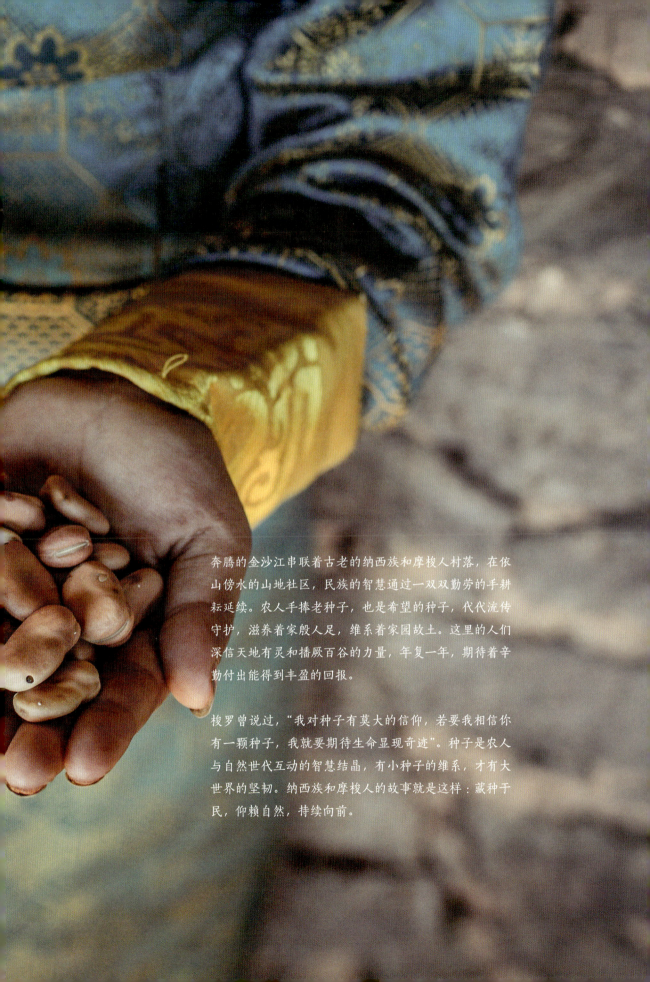

奔腾的金沙江串联着古老的纳西族和摩梭人村落，在依山傍水的山地社区，民族的智慧通过一双双勤劳的手耕耘延续。农人手捧老种子，也是希望的种子，代代流传守护，滋养着家般人足，维系着家园故土。这里的人们深信天地有灵和播厥百谷的力量，年复一年，期待着辛勤付出能得到丰盈的回报。

梭罗曾说过，"我对种子有莫大的信仰，若要我相信你有一颗种子，我就要期待生命显现奇迹"。种子是农人与自然世代互动的智慧结晶，有小种子的维系，才有大世界的坚韧。纳西族和摩梭人的故事就是这样：藏种于民，仰赖自然，持续向前。

金沙江纳西族和摩梭人村落世代传承的老种子，
包括小麦、豌豆、黄豆、蚕豆、玉米等。

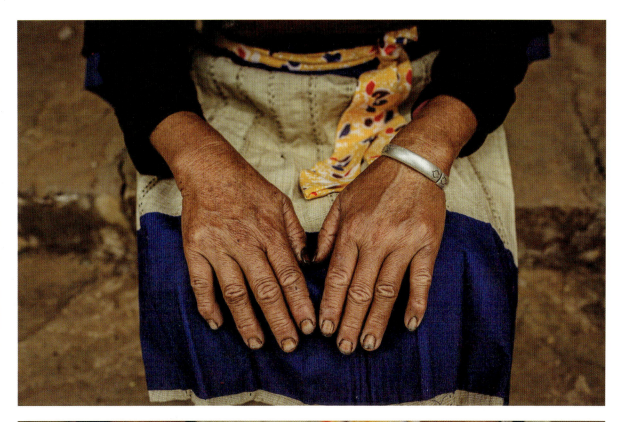

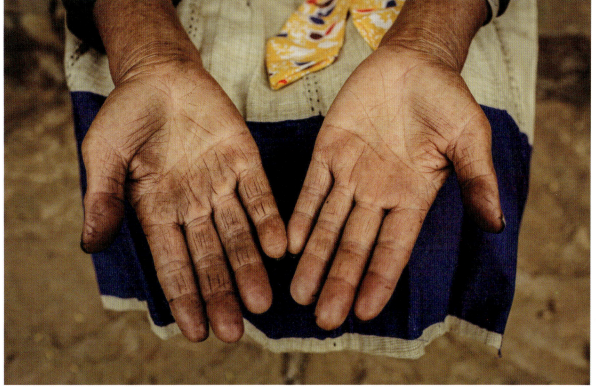

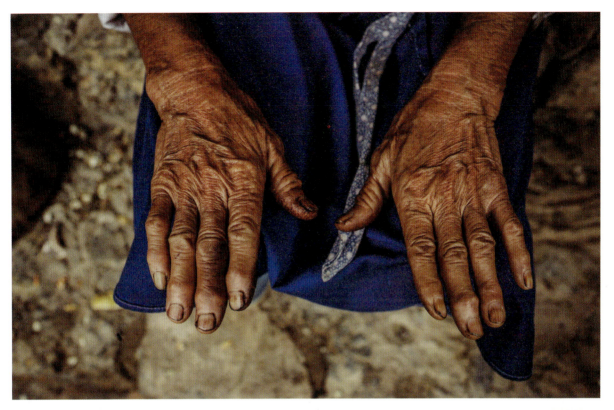

在古老的山地村落，女性成了守护和传承老种子的主力。

从老人布满沧桑的双手，到孩童稚嫩的双手，小小的种子传了一代又一代。

熊楚楚 央章拉姆 阿扎实玛 索朗卓玛

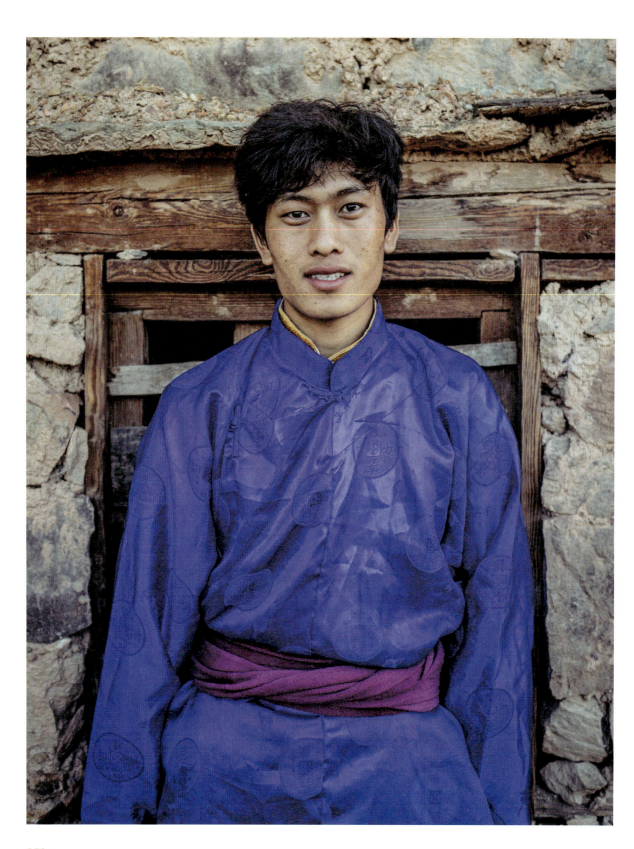

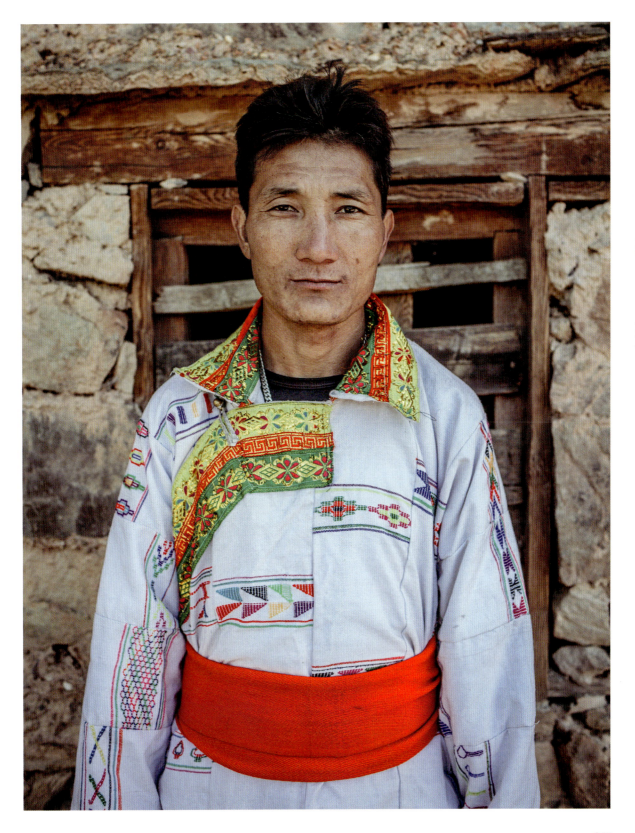

结 语

自我们结束调研，离开油米村已有些时日，山间风物却还是时常让我们魂牵梦萦。在这系列图书编写、修改之际，油米村有一些老朋友陆续跟随祖先的指引先离我们而去，他们有老有少，有的因为生病，有些则是意外。在油米村，对这些逝去的生命，东巴都将通过一场场超度，诵经指路，安抚他们的灵魂，将他们一路送回到油米祖先的来处。还记得一次要离村时，我们和油米的一位朋友开心地互道再见，说到下次再来喝茶、听故事，然而我们以为的暂别却成了永别。悲痛之际，我们想起东巴的话，"生死有命，顺其自然"，似乎获得了些许抚慰。在油米摩梭人的观念中，死亡不是终点，而是新生。

藏匿山间的古老村落总是民风淳朴。有一回我们看见一户人家的家屋旁有棵芭蕉树果实累累，正当我们想象着芭蕉的美味，屋里一位姐姐走出来向我们亲切地招了招手，示意我们进家里坐下，家里的爷爷也出来与我们话家常，温暖而热情。这位姐姐说她在丽江客栈打工时，很喜欢与人聊天，努力学习普通话，她觉得认识不同的人就像去了很多很多地方。我们道别离去时，姐姐紧紧握住我们的手，说着欢迎再来。这样的场景无数次上演，每当我们走进一户人家，离别时，从双手和心底，总是暖乎乎的。

纸短情长，因篇幅和时间有限，我们未能一一详细记录大山里每个人的生命故事。溯流而上，从吾木、石头城、拉伯，最后到油米，关于这群纳西和摩梭村民对自己的日常生活、文化信仰、家园土地的感悟，还有许多故事等待我们探访。他们每个人看似平凡又不简单的人生际遇，还等待着我们一同坐下来促膝长谈，慢慢体味。

我们希望读者可以通过阅读这本影像志，一窥纳西族和摩梭人的民族民俗、东巴文化，将对遥远"他者"点点滴滴的认识和理解，化为对自己日常生活的指引。时代在变，在这些与山水为邻的村落，传统民俗和文化信仰却不曾改变。年复一年，日复一日，火塘边传来诵经声，伴随着低鸣的海螺，慈爱的祖母和母亲在给孩子们编织成丁的腰带……人们换工互助、礼尚往来，坚守一方水土，自信而认真地生活。那些承袭自祖辈的传统和代代相传的老种子，就是纳西和摩梭村民面对新生活的勇气，彼此凝聚，柔韧且坚固。又恰如一盏盏明灯，不仅照亮了他们自己，也为到此探访的我们在这个复杂迷茫的时代前行提供着力量。

摄影手记·种子背后的行摄故事

在中国，往上数三代大部分人都是农民。

我与村落的情感从童年爷爷奶奶家的院子里就开始萌芽了。爷爷结束了教师生涯后回到村里养老，记忆里我只有在寒暑假及周末才能到爷爷奶奶家里做客。雨天，我坐在屋檐下的竹藤椅上听着滴落在瓦片上的雨声，回忆里飘荡着雨后泥土的味道。暑假的夜里，我躺在奶奶的竹床上，她用蒲扇为我扑走蚊虫，我伴着田间的蛙鸣声入眠。天气晴好时，我总喜欢到村口的石桥上看着村里顽皮的男孩们从桥上跳到河里嬉戏。因为怕水，我自己是不敢尝试的，但我喜欢看着清澈的河水水花四溅，伴着男孩们的笑声……这些在爷爷奶奶村里度过的时日是我在学校学习最大的动力，我总期盼着假期能再次回到村里感受"新鲜事物"。

当收到农民种子网络项目的拍摄邀请时，我是欣喜的。这些年受到不同机构邀请，我一直行走在不同村落和牧区，进行人文题材摄影。如今又将继续前往大山深处记录当地人和老种子的故事，这让我切身感受到一句话：念念不忘，必有回响。

我与农民种子网络的小伙伴花了一年多的时间，辗转于各个传统农耕村落，用快门记录下当地农人对传统文化、老种子保护的理解与信仰。我扛着脚架，背着相机，徒步丈量着这些村落，我想，通过摄影记录的不只有老种子，还有很多当地的人和事，点点滴滴构成了一幅幅故事画面。

今天借这个机会，我想聊聊我与金沙江流域四个纳西与摩梭村落的情感牵绊。

生死相依——吾木村

金沙江畔，建于北宋前、拥有古老纳西文明的吾木村，曾是茶马古道的必经之地。从前，这里没有机械运输的条件，田间劳作全靠人背马驮，山路崎岖，可以让人真正体会到什么是"望山跑死马"。纳西语"吾木"为"粮仓"之意，这里的老种子品种丰富，记录种子的多样性保护是我们工作行程中的主要内容之一。

纳西族信仰东巴教。东巴是民族智者，是能够连接人与神灵世界的中间人。他们可以为人们排忧解难，是村民的精神支柱。当地的文化习俗、传统节日、祭祀活动都与东巴紧密相连，都需要东巴来主持仪式。

吾木唯一一位年轻的东巴和继先，带着我采访拍摄了村里的老中医。采访前他跟我说了句玩笑话："我和老中医和学坚，像一对搭档，他负责降生，我负责死亡。"到后来我才明白这句话的意思。老中医和学坚在村里为村民问诊看病逾60年，接生了100多个婴儿，所以他负责"生"。而作为全村唯一的东巴，和继先担负着慰藉安抚全村村民心灵的工作，在人们去世的死亡仪式上，必有他做法事为逝者超度的身影，所以他负责"死"。

在老中医的火塘前，我为他拍摄肖像照。火塘的火光照亮着这位老人的脸，饱经沧桑的皱纹里，写满了人生故事。和学坚有12个兄弟姐妹，但都因为疾病早亡，他的母亲为此要求他学医。他说一开始是不愿意的，但在母亲的坚持下，他最终还是做起了村里的"赤脚医生"。

在光线略昏暗的火塘边上，我提前设置好了相机参数，快门也设置为静音模式。和学坚的普通话很好,不需要翻译。我与他边交谈着,边在他偶尔默不做语的某个瞬间,抓拍下他的神情与动作。不一会儿,他的儿子进来了,他们用方言不知道在交谈着什么。出于礼节,我在旁边安静观察。在交谈中,儿子开始用家里的老水壶煮水沏茶。在他递给父亲茶杯的那一瞬间,我萌生出一种血脉相传的感动,立马举起相机抓拍。于是有了"沏茶"这个主题的一系列照片。这也是在吾木村的拍摄项目中我颇为喜欢的一组照片。

在这生死相依的脉络中,吾木村民传承着古老的智慧。

辟岩而居——石头城村

辟岩建屋、比邻而居,夜不闭户、古朴自然,这就是宝山石头城纳西族的生活。这样安宁而淳朴的生活不正是许多人一直在追寻的吗?而更加动人的是石头城里的故事,在宋一青老师的带领下,石头城的农民育种家木文川书记、张秀云大姐等人走向了欧洲、南美、东南亚,向外国友人讲述中国农民的育种故事及先人智慧。拍摄期间,我和他们一起辗转在古屋和田野间,亿万人群中,这样的相遇相识,令人感叹命运的奇妙和美好。

石头城村里有个小博物馆,是从前遗留下来的传统民居,屋里有水源、石灶和石床。是当年石头城祖先用智慧和毅力辟岩而居的见证。我们问过村书记,当地人除了会传统的编织工艺,还会用玉米叶子纳草鞋,为了拍摄这门即将失传的手艺,我们邀请了木香谷老人在小博物馆内编织草鞋。75岁的木香谷老人特别害羞,为了能拍摄到她不紧张且真实的表情神态,我对着村里的翻译说:"奶奶,您就想象今天这双草鞋是要做给您的儿子穿的。"老人听后特别开心，现在时代好了，石头城也没有人穿草鞋了。老人放松地编着草鞋，眼里满是对儿子的爱意，我安静地在一旁抓拍，心中涌出感动。无论在哪里，母亲对孩子的爱永远都不会变。

夜幕低垂，星辰闪烁。我又扛着脚架来到了村广场，在村民热情的打跳中，我用相机记录下了石头城的夜空。这里日日夜夜的美好瞬间如同繁星，人们世代守护着这一方水土，多样的老种子使得石头城在气候急剧变化的今天仍然有稳定的产量，养育了世世代代，也照亮着石头城的未来。

乡土真情——拉伯村

在四个村落的拍摄中，我在拉伯停留的时间是最短的。为了保留传统仪式的影像，经过村里一夜的协调，拉伯村的达巴们第二天便穿戴着达巴特殊的服饰来到村里最大的佛塔前，前来围观的村民也不少，在庄严肃穆的气氛下，所有人都很安静。我观察着达巴的祈福仪式，轻轻按下快门，动作小心轻柔，生怕打扰了这一刻的神圣。拉伯村的达巴是不少的，传承达巴的文化信仰，守护家园故土是他们一生的使命。达巴告诉我，他们舍不得这片故土，舍不得离开家人太远。

拉伯村曾是自驾前往泸沽湖旅行的必经之地，乡里人向我描述了过去种种车马喧哗的景象。后来由于泸沽湖机场的通航，经过拉伯的旅人车辆渐渐减少。如今走在村中，这里多少有点被遗忘的失落感。但这里的村民也始终不愿离开，还成立了自己的文艺队。脸上爬满皱纹的老人在一旁兴奋地吹着葫芦笙，满口就剩几颗牙的老人也欣喜地载歌载舞。在抱着奶瓶的小娃娃清澈的眼神里，我能看到拉伯的希望与未来。

不论热闹繁华还是安宁祥和，这里的人们守护着一方水土，传承着村落的希望。

摩梭秘境——油米村

在加泽大山深处，我很幸运地用相机记录了一次摩梭人的春节。我的镜头扫过火塘木窗前倾泻的晨光，日暮时分的田野，记录着老人相聚房顶唱着忆苦思甜的古老歌谣，还有古宅前偶遇的奶奶——一定要给并不相识的我们送黄果。夜幕降临后，村里无论长幼都在星月光辉下围着篝火热情打跳，在这里，村民在任何时间看见了客人定会邀请入户吃上一顿带有乡土浓情的饭菜。油米的每一个细节深处都闪烁着这个古老民族的热情淳朴。

村里最德高望重的杨多吉扎实东巴曾经在清华大学百年校庆上做了一场关于东巴文化的演讲。在他家带着岁月痕迹的火塘旁，他对我说："学东巴就是学做人。"我仍记得当时火塘的微光映照在他的脸上，他眼里泛着的泪光。

做田野拍摄，最重要的是走进当地人的心里。在每个村落，我一般都不会立马进行拍摄。我住在村民家中，与他们同吃同住。生活了几日后，他们也渐渐与我走近。这种信任的关系很微妙，正因为建立了这种信任，我才能有机会用快门记录他们真实的状态和表情。

有一日在杨多吉扎实东巴家喝茶，聊着他们新年的礼俗。老人突然说了句："虽然现在日子好了，生活条件也好了，但感觉还是找不回从前的某些快乐。"我问老人，这又是为何呢？他跟我们谈及往事，说曾经油米村的新年更热闹，每一家也是像现在这样会轮流请客吃饭，但"吃饭"这件事比现在更有仪式感。他们会在屋顶请客，大家拿着牛头饭、腊排骨、肉汤，当然也少不了自酿的白酒，在屋顶盘腿坐成一排用餐，享受新年的欢愉。在回忆的过程中，老人脸上有幸福也有遗憾。突然我心生念头，能否还原记录这个场景呢？于是我们与村中的年轻人杨艳开始琢磨这件事。为了能让老人再次体验回忆中的美好，并用影像的方式记录下这个传统习俗，最终我们邀请到了十几位村中德高望重的老人，来到石农布侠武的新屋屋顶，重现过去的习俗。老人们捧着牛头饭，喝着自酿酒，欢快的歌声回荡在无量河上空。我爬上了隔壁杨玛佐家的屋顶，他也是一位东巴。两家的屋顶距离，足以让我用镜头记录下全部老人的姿态。我从远处拍摄，那一刻仿佛我自己也成了油米人，回到了当年的日子。老人们幸福地吃着聊着，我的内心满足而温暖。

同来调研的中国农业大学的孙庆忠老师曾给我讲过一个故事。他在油米做口述史时曾看见村里的石农布侠武围绕着一棵梅花树转悠。孙老师好奇地上前询问，石农布说："孙老师，我在看梅花，梅花马上就要开放了，我们油米村的春天要到了。"这样对家园故土的眷恋令我们心醉。如今，石农布老人已经离开人世，而梅花依旧每年盛开，没有了石农布，这里的梅花又为谁而开呢？

村里还在读大三的年轻人阿永都是油米少有的大学生之一，在他自己设计建盖的新屋里，他对我说等毕业了他要回到油米务农，用这些老种子继续耕种，因为这里才是他的家。

在我离开油米的时候，村口的水泥路已经快修通了。从丽江出发前往油米需要驱车12个小时的旧时光即将永远逝去。

"此心安处是吾乡"，走访这些村落的日子里，我真正领会了这句话的真谛。村里的故事很多，背后的情感深挚厚重，几天几夜都说不完。拍摄期间每一日的见闻都使我的心灵深受触动。镜头记录的不仅是我眼前所见，更是心中所感，这也是我在人文摄影道路上所坚持的方式。感谢金沙江四个村落里的每一位村民，是你们让我重新理解了生活的意义。

秋笔

2024 年 5 月

摄影手记·与古村落的不解之缘

说起摄影，我真是个门外汉。我的"摄影经历"开始于9年前，2015年8月26日，我从单位退休，身体健康、状态良好的我，还想"有一分热，发一分光"，但到底要做什么，我自己心里也没底。于是我"放飞自我"，户外旅行、登山徒步甚至环游世界都想尝试一下。就这样，我去了七大洲60多个国家，还到达了南极圈和北极点，并在这期间尝试用镜头记录旅途。

当我来到滇川交界的地方徒步的时候，路过了一个叫"油米"的小村庄，整个村落建在金沙江支流无量河畔的大山上。全村80多户人家，没医务室和学校，村里大事小情，例如村民头疼脑热、节庆杀猪宰羊等一切事宜都由村里"杨、石、阿"三大姓氏的东巴来主持。他们为村里人举行仪式，消灾除祸，祈福祝愿。当时我徒步的目的地是四川木里县俄亚大村，只路过油米村住了一个晚上。但油米人的善良淳朴，和此处村貌的古朴安宁深深打动了我，从俄亚大村折返后，我就在油米村"扎下根"住了一个月。在这期间我和村民同吃同住，拍了一些照片，配上文字发到网上，受到了很多人的关注。再后来，我就成了油米村的常客，每年都会去这里待一段时间。由于油米村是农民种子网络的试点村，于是宋一青老师联系到我，邀请我参加他们的年会。自此，我与油米和这个帮助村民守护老种子的研究团队都结下了不解之缘。

2016年，油米村的公路还没修通。当摩托车手驮着我在山壁土路上穿梭的时候，脚下就是悬崖峭壁，真让人胆战心惊。有一次，在一处悬崖塌方处，车手让我下来，他慢慢往前蹭着开，突然后面车座两侧的袋子刚蹭在岩石上，摩托车"打横"了……说时迟，那时快，车手迅速跳了下来，惊魂未定。我们眼睁睁看着摩托车坠入悬崖，被河水淹没。损失不能说不惨重，摩托车上还挂着我的摄影装备、笔记本电脑、平板电脑，这些设备瞬间全部报废。这样惊险的山路，却是油米人出入大山的必经之路。虽然我的摄影技术还达不到专业水平，但能在古村落里用镜头记录一些民风民俗，为这里的传统文化做一些力所能及的事情，我也是乐此不疲。2019 年 12 月，我和农民种子网络的团队成员、中国农业大学的孙庆忠教授，还有他的研究生们一起在油米村过摩梭新年（时间大概比我们的春节早一个月），在这里度过了 19 天的美好时光。油米的转山节非常壮观，地点就在被油米人视作神山的虎头山上，杨姓、阿姓、石姓三大家族按照传统礼俗，在东巴的主持下祭祀山神祈福，我抓住这个机会用相机做记录。当我把照片送到村民手里的时候，他们的欣喜之情溢于言表……几年来，我为油米的每个东巴制作了专属相册，为村里妇女的三月三"沐浴节"进行拍摄，还为村里 60 岁以上的老人拍纪念照片，为村民拍日常家庭生活照片。作为摄影作品，这些照片算不上专业，但村民们还是把它们放在家里当宝贝一样珍藏着……

杨文国是宁蒗彝族自治县拉伯乡的老乡长，还曾任宁蒗县教育局的副局长，退休后他回到了油米生活。他带着我去山上放羊放牛，去悬崖上探洞，拍摄"镇妖石""神马石"，给我讲述油米村的历史故事，象山、宝剑锋、妖女峰以及通天河的来龙去脉，他都能娓娓道来……杨多吉扎实是油米村东巴协会的会长，德高望重，也是唯一能坚持每天清晨做仪式的东巴。每当有摄影师和驴友徒步考察至此，他都积极配合，为传播东巴文化做出了积极贡献。

除了油米的东巴文化，我还参与记录了拉伯村的达巴文化，用 7 天的时间全程记录了达巴仪式的全过程。达巴没有文字，全靠老达巴的口述传承，如果不做抢救性的记录，达巴文化可能马上就会失传了。此外，在乡文化站站长杨建军和拉伯乡致富带头人杨建新的协助下，我们还考察了从拉伯村到石头城，从石头城到大水村，以及拉伯村引水工程、金沙江大十字、溶洞附近的徒步线路，并拍摄照片帮助当地进行文旅宣传。

在我拿起相机拍摄的 8 年时间里，在油米村、拉伯村、石头城村等古村落拍了不少照片，为当地村民和地方文旅宣传做了一些工作，并通过这些工作和乡里乡亲结下了深厚的感情。希望基于组织多种采风考察活动，我们可以为山里山外沟通信息，为山外的人们认识纳西族和摩梭人的传统文化起到一定的桥梁纽带作用。

丁振东
2024 年 4 月

图片来源

本书中除以下图片均为秋笔拍摄

第 10 页　丁振东 摄

第 32~33 页　丁振东 摄

第 34 页　左图　丁振东 摄

第 54 页　王彤 摄

第 56 页　田秘林 摄

第 57 页　王彤 摄

第 68~69 页　丁振东 摄

第 72 页　丁振东 摄

第 109 页　左凌仁 摄

第 128 页　上图 丁振东 摄

第 152~157 页　庄清菜 摄

第 200~201 页　于江 摄

第 207 页　两张右图　于江 摄

第 211 页　右下图 于江 摄

第 218~219 页　丁振东 摄